초판 1쇄 인쇄 2024년 7월 29일
초판 1쇄 발행 2024년 8월 12일

글·그림 백명식
감수 박규순
펴낸곳 도서출판 작은씨앗
펴낸이 박광규
기획·마케팅 안병휘
편집·진행 이혜진
디자인 심서령

출판등록 제2023-000044호
주소 인천광역시 서구 검단로446, 108동 502호
전화 031-941-8363 | **Fax** 031-941-8364
e-mail jk-books@daum.net
발행처 도서출판 제이케이

ⓒ2024 백명식

ISBN 979-11-966280-7-9
　　　979-11-966280-1-7(세트)

잘못된 책은 구입하신 서점에서 바꾸어 드립니다.
값은 표지 뒤에 있습니다.

초등 수업 일지

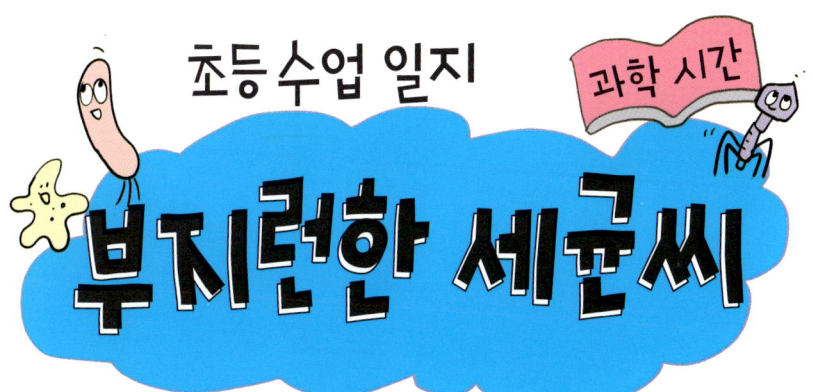

부지런한 세균씨

과학 시간

글·그림 **백명식** 감수 **박규순**

글·그림 **백명식**

강화에서 태어나 서양화를 전공하고 출판사 편집장을 지냈습니다.
쓰고 그린 책으로는 400여 권이 있으며 대표작으로는《돼지 학교》(시리즈),
《인체 과학 그림책》(시리즈),《맛깔 나는 책》(시리즈),
《저학년 스팀 스쿨》(시리즈),《명탐정 꼬치》(시리즈),《냄새 나는 책》(시리즈),
《미생물 투성이 책》(시리즈),《좀비 바이러스》(시리즈),《안녕! 한국사》(시리즈),
《나는 나비》,《사이다 탐정》(시리즈) 등이 있습니다.
소년한국일보 일러스트상, 소년한국일보 출판부문 기획상, 중앙광고대상,
서울 일러스트상을 받았습니다.

감수 **박규순**

서울대학교 화학과를 졸업하였으며 미국 텍사스 공대에서
박사 학위를 받았습니다. 캘리포니아 주립대학교에서 박사 후
연구과정을 거쳐 콜로라도 주립대학교 연구 교수, 영국 리딩 대학교와
미국 조지타운 대학교에서 객원 교수로 재직했습니다.
국민대학교 과학기술대학 학장을 거쳐 현재 국민대학교 명예교수로 재직 중입니다.

초등 수업 일지 · 과학 시간

부지런한 세균씨

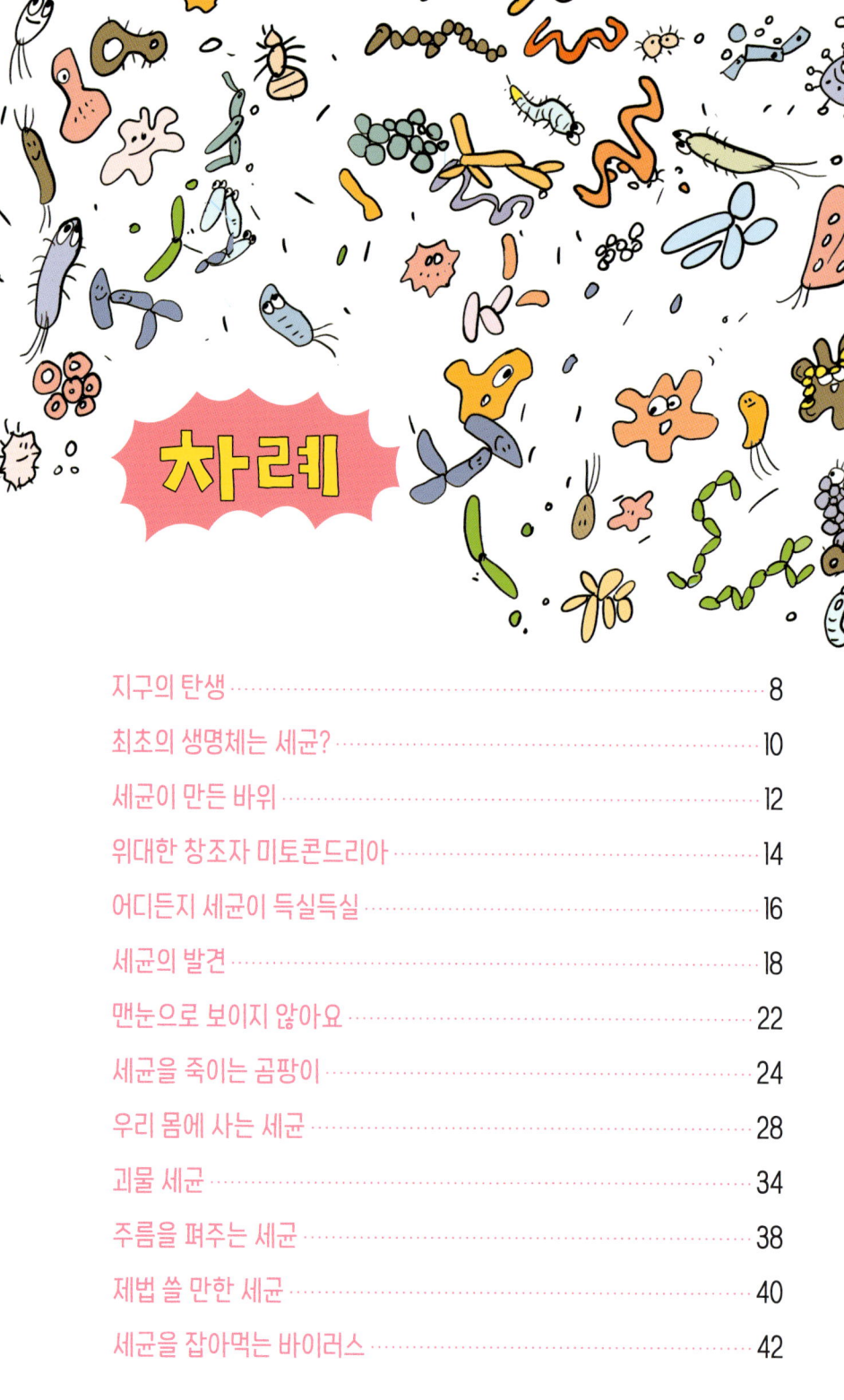

차례

지구의 탄생 ······ 8

최초의 생명체는 세균? ······ 10

세균이 만든 바위 ······ 12

위대한 창조자 미토콘드리아 ······ 14

어디든지 세균이 득실득실 ······ 16

세균의 발견 ······ 18

맨눈으로 보이지 않아요 ······ 22

세균을 죽이는 곰팡이 ······ 24

우리 몸에 사는 세균 ······ 28

괴물 세균 ······ 34

주름을 펴주는 세균 ······ 38

제법 쓸 만한 세균 ······ 40

세균을 잡아먹는 바이러스 ······ 42

박테리오파지는 바빠요 ·· 44

곰팡이 ·· 50

곰팡이는 탄수화물을 좋아해요 ·· 52

맛있는 곰팡이 ·· 54

창의로운 곰팡이 ·· 60

세상에서 제일 작은 미생물 바이러스 ······································ 62

바이러스 치료법 ·· 65

슈퍼 박테리아의 등장 ··· 66

세포가 뭐예요? ··· 68

와! 세균이 사라졌다! ··· 72

세균투성이 지구 ·· 76

고마운 세균 ·· 78

우리 반 친구들

하지만
새로운 도전을 멈추지 않는 도전 왕.

나미래
학급 반장.
주위에 친구들이 많다.
똑똑하고 야무진 성격.

오송이
소심하지만
엄청 사려 깊다.
속 얘기를 잘 안 한다.

백미리
비꼬기 실력이 꽤 있음.
결단력이 있고 용감하다.
단점은 감정의 기복이 심하다.

밝음이 선생님
다재다능한 3반 선생님.
누구에게나 다정하고 상냥하다.
웃음이 많고 재치가 있다.

고지혜
관심사가 아니면 무시한다.
차갑고 귀찮은 말투.
나서기를 좋아한다.

김만두
상냥하고 조용하다.
친구들 말을 잘 들어주는 친절 왕.

지구의 탄생

지구는 약 46억 년 전에 탄생했어요.
당시의 지구는 온통 뜨거운 마그마로 덮여 있었어요.
5억 년 정도 시간이 지나면서 마그마는
서서히 식어가기 시작했어요.
마그마가 식어가면서 수증기가 발생했어요.
수증기는 바다가 되고, 식은 마그마는 육지가 되었어요.
또 그로부터 5억 년이 흐르자 바다에서 생명체가
등장했어요.

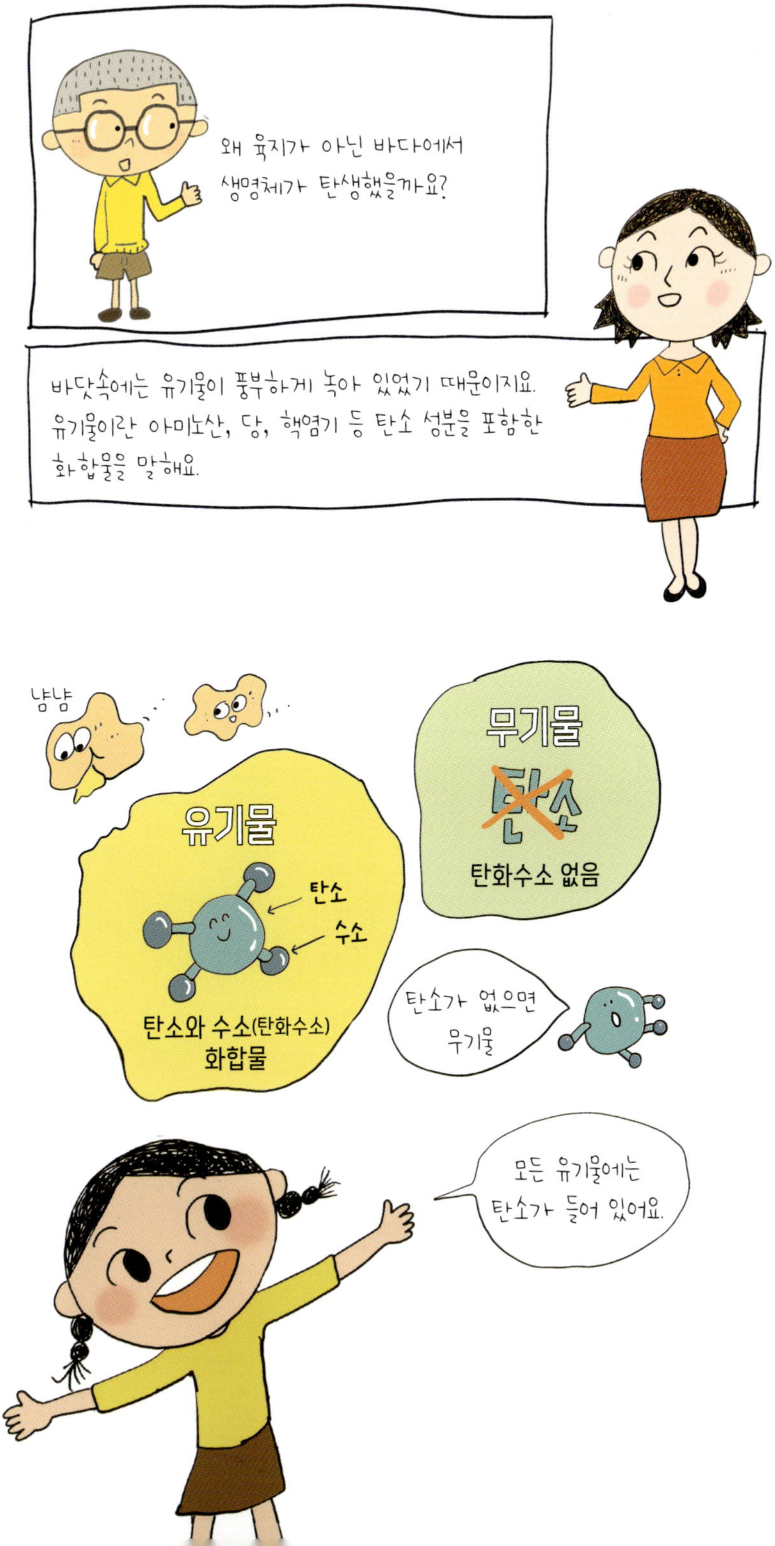

왜 육지가 아닌 바다에서 생명체가 탄생했을까요?

바닷속에는 유기물이 풍부하게 녹아 있었기 때문이지요. 유기물이란 아미노산, 당, 핵염기 등 탄소 성분을 포함한 화합물을 말해요.

유기물
탄소
수소
탄소와 수소(탄화수소) 화합물

무기물
탄화수소 없음

탄소가 없으면 무기물

모든 유기물에는 탄소가 들어 있어요.

최초의 생명체는 세균?

지구 최초의 생명체는 세균이에요.
바로 남세균(시아노박테리아)
이라는 세균이지요.
현재 지구에서 사는
생명체들은
모두 산소가 필요해요.
시아노박테리아는 초기 지구의
이산화탄소 99퍼센트를 먹어 없애고
산소를 만들어 냈어요.
이렇게 만들어진 많은 산소가
대기로 올라가
오존층을 만들었어요.
모든 생물이 안전하게
살 수 있는 환경을
만들어 준 셈이지요.

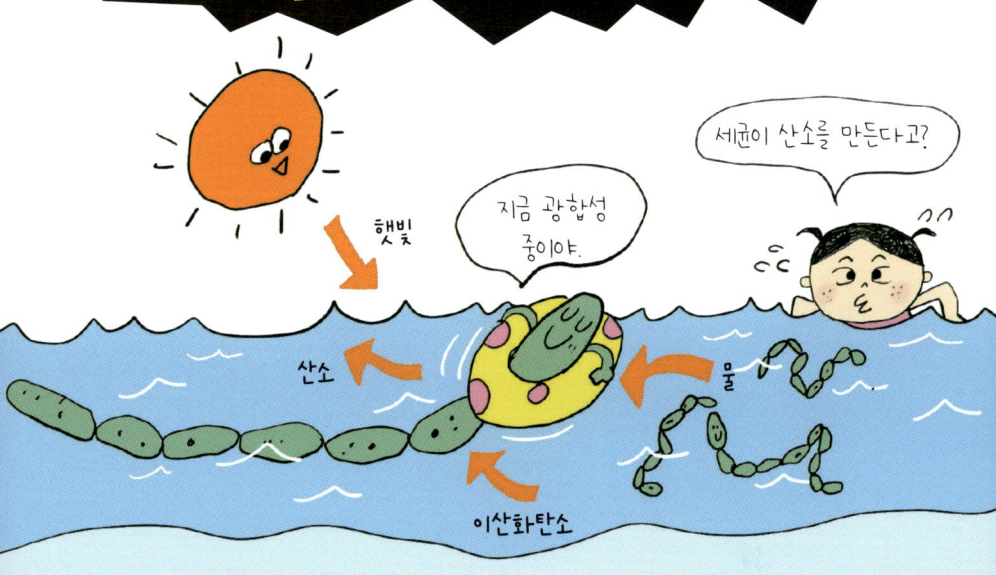

세균이 만든 바위

원시 생명체의 기원 '스트로마톨라이트'라는 퇴적암이 발견되었어요. 그 옛날 시아노박테리아가 만든 돌덩이에요. 시아노박테리아는 성장하면서 끈끈한 점액질을 내보내는데 이 점액질에 모래나 흙이 달라붙어요. 이렇게 퇴적물이 층층이 쌓이고 쌓여 큰 덩어리가 되고, 수천 년의 시간이 지나면서 버섯 모양의 바위, 스트로마톨라이트라는 퇴적암이 된 것이지요.

최초로 광합성을 시작해 산소를 생성한 광합성 세균, 시아노박테리아가 만든 스트로마톨라이트는 지구에 산소를 만들어주는 공장 역할을 했어요. 그 시대에 이산화탄소를 흡수하고 산소를 내뿜어서 호기성 세균*이 살 수 있는 환경도 만들어주었어요.

*호기성 세균: 산소가 있어야만 살 수 있는 세균

우리나라 곳곳에서도 스트로마톨라이트가 발견되었어요.
수억 년에 걸쳐 만들어진 이 바위가 지구에 산소를 불어
넣어준 세균의 무덤인 거지요.
지금도 바닷가에는 스트로마톨라이트가 만들어지고
있어요.

위대한 창조자 미토콘드리아

아주 먼 옛날 지구에는 세균만이 살고 있었어요.
세균의 먹이가 없어지자, 세균들은 서로 잡아먹기 시작했어요.
이때 놀랄만한 사건이 일어났어요.
세균이 다른 종의 세균을 잡아먹었을 때,
세균 먹이는 소화되지 않고 그대로 세균의 몸속에 남았어요.

결국, 세균 안에서 살아남아 숙주 세균의 일부가 되었어요.
숙주 안에서 살아남은 세균은 놀라운 능력을 가지게 되었어요.
산소를 이용해 에너지를 만들고 숙주 안에서 살며 새로운 생명체를 탄생시켰어요. 이 세균의 후예가 바로 미토콘드리아라는 물질이에요. 지구상에 있는 동물, 식물 등 모든 생명체의 세포 안에는 미토콘드리아가 있어요.

그 옛날의 세균과 원생생물들은 아직도 지구에 살고 있어요.
침팬지는 98.8퍼센트, 고릴라는 98.4퍼센트, 닭은 75퍼센트,
식물인 바나나도 60퍼센트를 사람과 같은 유전자를 하고
있어요. 이 모든 생물들의 세포 속에는 미토콘드리아가
있어요. 수천 번, 수억 번 과거로 올라가면
최초 인류인 오스트랄로피테쿠스뿐만
아니라 공룡, 곤충, 세균까지도
만날 수 있을지 몰라요.

어디든지 세균이 득실득실

세균은 어디든 존재해요.
물속, 바닷속, 산과 들 어디에나 있어요.
우리 몸 구석구석에도 세균들이 살고 있어요.
머리카락, 입속, 발가락 사이사이, 손톱 끝, 장에서
신나게 살고 있어요.
지구에 사는 사람 수보다 더 많은 세균이
우리 몸속에 살고 있어요.
지금 당장 정원의 흙 한 줌을 현미경으로 들여다보면
둥글둥글하기도 하고 길쭉하기도 하고 소용돌이 모양을
한 별의별 모양의 세균들이 꼼지락거리고 있는 것을
볼 수 있어요.
손톱만큼 작은 흙 속에도 수억 마리의 세균이 살고 있어요.

세균의 발견

네덜란드의 광주리 수공업자 아들로 태어난
포목상 레벤후크는 특별한 취미가 있었어요.
스스로 유리를 가공해 확대경을 만들어 들여다보곤
했어요. 어느 날, 연못에서 물 한 컵을 떠와
확대경을 통해 컵 안을 들여다보았어요.
그 속은 놀라운 광경이 벌어지고 있었어요.
꼬물꼬물 헤엄치고 있는 작은 생물을 발견한 것이었어요.
최초로 미생물의 존재가 알려지는 순간이었죠.
레벤후크는 손수 만든 현미경으로 질병이
생기는 원인이 세균에 의한 것임을 알아냈어요.

레벤후크의 대발견 후 200년이란 시간이 지나고, 프랑스 화학자이자 생물학자인 루이 파스퇴르는 공기 중에 있는 세균에 의해 음식물이 변질된다는 사실을 발표했어요.

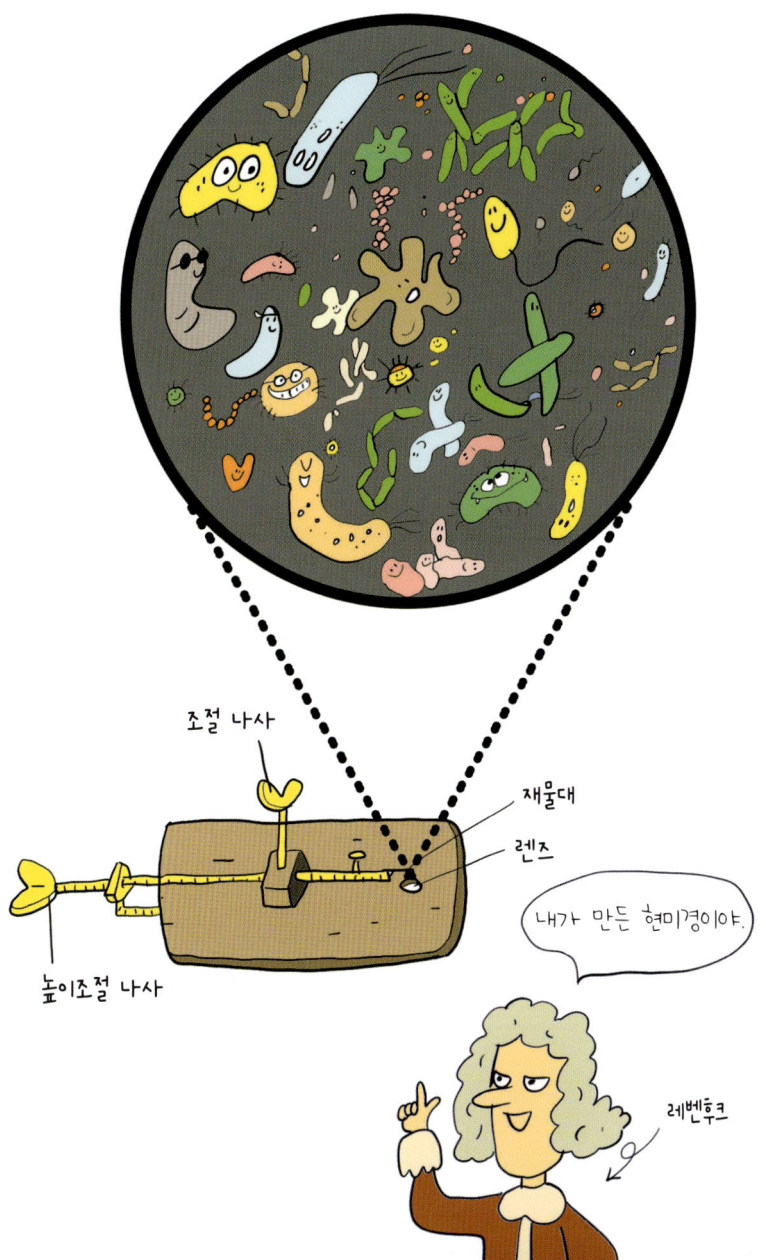

세균은 모양에 따라
구균, 간균, 나선상균
등으로 구분돼요.

구균
둥근 모양을 하고 있어요.

간균
막대 모양을 하고 있어요.

나선상균
나선 모양을 하고 있어요.

맨눈으로 보이지 않아요

맨눈으로 볼 수 없을 정도로 작은 생물을

미생물이라고 해요.

미생물의 종류에는 원생생물, 곰팡이, 박테리아(세균), 바이러스 등이 있어요.

곰팡이는 실 모양의 균사를 가지고 있어

눈으로도 확인 가능해요.

하지만 세균 과 바이러스 는 맨눈으로 전혀 볼 수 없어요.

특히 바이러스 는 지구에 사는 모든 생명체 중

크기가 가장 작아요.

세균의 1000분의 1 정도 크기인 바이러스는

전자현미경으로만 볼 수 있을 정도로 작아요.

1890년대 러시아의 미생물 학자 이바노프스키는
담뱃잎에 발생하는 모자이크병을 연구하다 세균보다
더 작은 미생물을 발견했어요.
몇 년 후, 네덜란드의 과학자 베이에링크가
이 작은 미생물에 '바이러스'라는
이름을 붙여 사용했어요.
바이러스는 라틴어로 '독'이란 뜻이고
전자현미경이 발달한 후에야
관찰할 수 있게 되었어요.

알렉산더 프레밍은 실험실에서 세균을 키우는 실험을 하던 중 세균 주변에 곰팡이가 생긴 것을 발견했어요. 자세히 보니 곰팡이 주변에 세균들이 죽어 있었어요. 이때 곰팡이가 세균을 죽이는 물질이라는 것을 발견한 것이지요.
이 곰팡이가 푸른 곰팡이에요.
프레밍은 연구를 거듭해 페니실린이라는 항생제를 만들었어요.

푸른 곰팡이는

빗자루 모양을 하고 있어요.
포자가 염주 모양으로 달려 있고, 종류도
약 150종이나 돼요.
주위에서 흔히 볼 수 있는 푸른 곰팡이는
블루치즈 등 발효 음식을 만들기도 하고,
특히 페니실린이라는 항생 물질을 만들어요.

엄마 몸속에 있는 태아는 세균이 전혀 없는 무균 상태라
할 수 있어요. 무균 상태인 자궁에 머물던 태아는
분만 과정에서 산도를 타고 내려오며 엄마의 몸에 있던
세균들과 처음으로 접촉하게 되고, 아기가 나오는
길에서부터 몸에 좋은 유산균들이
태아의 몸에 달라붙어 면역력을 만들어요.
아기의 면역력을 키워줄 엄마 몸속 장내 미생물은
아기를 출산한 후에는 엄마의 장에서 젖으로 이동한 후,
모유를 통해 아기에게 좋은 세균을 주기위한 역할을 해요.

엄마의 몸속에서 무균 상태로 만들어진 모유는
면역 성분이 풍부해 아기를 질병으로부터
보호해줘요.
특히 모유에 있는 '락토페린'이라는 면역 성분은
분유보다 32배나 더 많이 들어있어요.
모유에만 들어있는 소화 효소인 '리파아제'는
아기의 소화 흡수를 도와줘요.

우리 몸에 사는 세균

우리 몸 구석구석은 세균들로 가득 차 있어요.
머리카락, 입속, 발가락 사이사이, 손톱 끝, 배 속에
세균은 살고 있어요. 우리 몸은 약 30~60조 개의
세포로 이루어져 있어요. 세균은 이보다 훨씬 많은
120~500조 마리 이상이 우리 몸에 살고 있죠.
세균들은 몸에서 소화 기능, 면역반응에 이르기까지
제 역할을 하고 있어요. 어떻게 이렇게 많은 세균들이
우리 몸 안에서 살 수 있을까요?
다행스럽게도 매일매일 똥으로 오줌으로
나오기 때문에 적당량을 유지하며 살아갈 수 있는 거예요.
똥의 3분의 1은 죽은 세포들이고, 3분의 1은 음식물
찌꺼기이고, 나머지 3분의 1은 바로 세균인 거예요.

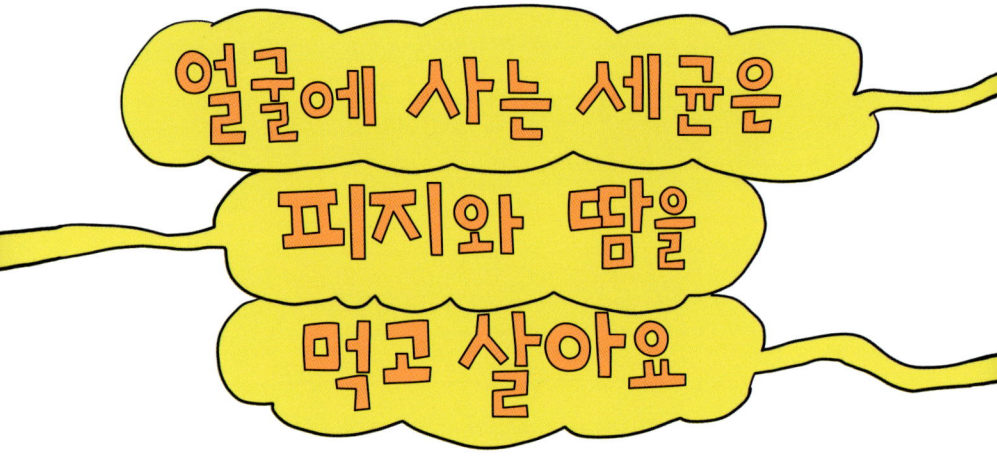

머리에는 튼튼한 발톱으로 두피를 꼭 붙들고 피를
빨아 먹는 머릿니가 있어요.
겨드랑이털 속에는 땀과 분비물을 먹고 사는 박테리아가
있어요. 발에도 박테리아가 살고 있어요.
발바닥 각질이나 발가락 사이에 살며 땀이 날 때 땀을
분해해 냄새를 풍겨요.
포도상구균은 보통 때에는 콧속에 살지만, 몸 전체로
흩어져 살기도 해요. 생긴 것이 포도송이처럼 생겨
이름도 포도상구균이라고 불러요.
속눈썹에도 진드기라는 벌레가 살고 있어요.

6~9미터에 이르는 기다란 장은 세균이
살아가기에 딱 좋은 곳이에요.
축축한 습기와 적당한 온도, 그리고 맛있는 음식물들까지.
장 속에 있는 세균들은 먹은 음식에 따라
종류도 달라져요.
고기를 즐겨 먹는 사람의 장 속에는 단백질 분해
능력이 뛰어난 세균이 살아요.
야채를 주로 먹는 사람의 장에는 소화 효소인
리파아제를 만들어 소화를 돕는 세균이 살아요.
유산균이 많이 들어있는 음식을 먹으면 자연스럽게
장내 유익한 균들이 많이 생겨 튼튼한 장을 만들어줘요.

괴물 세균

세균이 환경에 적응하는 능력은 상상을 초월해요.
기압이 엄청난 깊은 바닷속에서도 산소가 전혀 없는
땅속에서도 세균은 살아요.
소름 끼칠 정도로 엄청난 방사능 노출에도
살아남는 세균이 있어요.

데이노코커스 라디오두란스 라는

세균이에요.
이 세균은 1956년 미국의 농업 시험장에서 발견되었어요.
방사선을 이용한 통조림 식품 멸균법을 연구하던 중
치사량의 1,500배나 되는 양의 방사능 속에서도
살아남은 세균이에요.

바닷속의 화산을 열수구라고 해요.
여기서 나오는 물의 온도는 섭씨 200~400도가 되지요.
이 물은 황화수소와 철을 비롯한 여러 가지 광물을
포함하고 있어 검은색을 띠고 있어요.
그래서 '블랙 스모커'라고 부르기도 해요.
1997년 이 열수구에서 고세균이 발견되었어요.

피롤로부스 푸마리라는
세균이에요. 이 세균은 섭씨 106도 온도가 살기에 가장
행복한 조건이라고 해요.

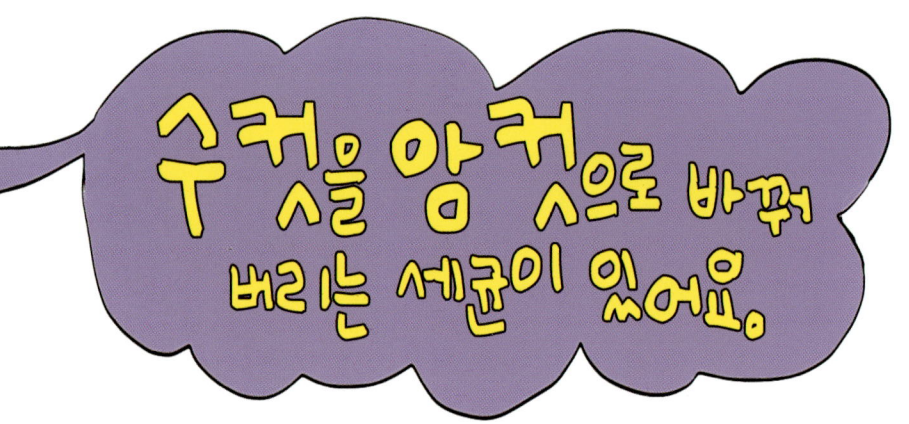

수컷을 암컷으로 성을 바꿔 버리는 세균이 있어요.
월바키아라는 세균이에요.
이 세균은 자신의 번식을 위해 수컷 곤충의 몸속으로 들어가
성을 조종해 암컷으로 바꿔 버려요.
암컷이 이 세균에 감염이 되면 알을 낳을 때 알이 모두
암컷 알로 태어나게 돼요.
몸속에 월바키아 세균을 품은 채로 태어나요.

모기 잡는 모기

월바키아 세균에 감염된 수컷 모기와 감염되지 않은 암컷 모기가 교미를 하면 알을 낳지 못해요. 이를 이용해 모기 번식을 막는다고 해요. 미국이나 브라질에서는 바이러스를 옮기는 모기를 잡기 위해 이 방법을 사용한다고 해요.

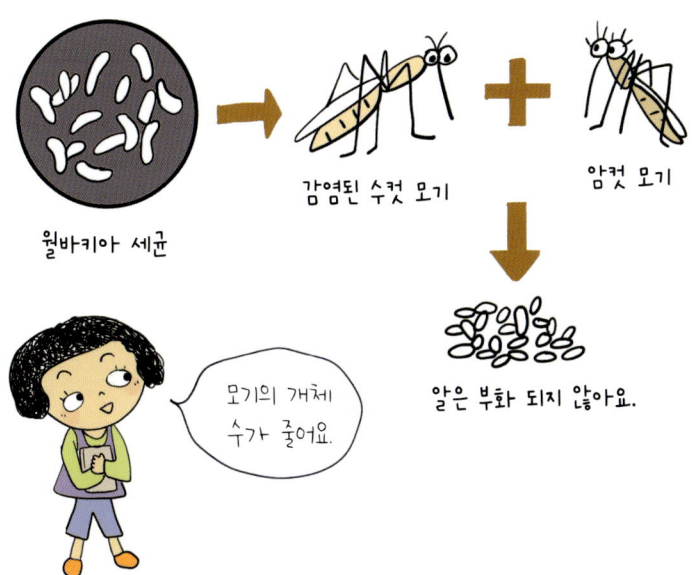

주름을 펴주는 세균

클로스트리디움 보툴리눔이라는 세균이 분비하는 보툴리눔 독소는 근육을 마비시켜 결국 호흡이나 심장을 멈추게 해 사망에 이르게 하는 무서운 독소에요.
1978년 우연히 의사 부부가 눈가 근육 떨림 환자의 치료를 하기 위해 미간에 소량의 보툴리눔 독을 주사했는데 신기하게도 주름이 펴지는 것을 발견했어요. 현재 미용 목적으로 사용되는 보톡스의 발견은 이렇게 시작되었어요.
사실 보툴리눔 독소는 생화학무기 및 테러 물질로 규정되어 있어요. 화학적 구성에 따라 A형부터 G형까지 분류하는데 A형과 B형은 의학적, 상업적으로 사용되고 H형인 경우 현재까지 지구상에 밝혀진 독소 중 가장 강력한 독성을 띄고 있다고 해요.
500그램만으로도 지구에 사는 사람들을 모두 멸종시킬 수 있다고 해요.

제법 쓸 만한 세균

식물에게 흑부병*을 일으키는 세균이 있어요. **피시움**과 **피토프토라**라는 세균이에요. 이 세균은 식물의 조직으로 들어가 포도당을 이용해 잔탄*이라는 끈적이는 물질을 만들어 내지요. 이 물질은 마치 껌처럼 끈적거려 식물의 영양 공급을 막아요. 이 물질은 식물에게는 해롭지만, 동물이나 사람에게는 전혀 해가 되지 않아요. 그래서 이 물질을 이용해 유제품같은 식품을 만들고, 크림이나 샴푸 같은 첨가제로 사용되고 있어요.

*흑부병: 작물의 잎이나 뿌리에 검은 반점을 일으켜 영양분의 전달을 막아 식물을 죽게 만드는 병.

*잔탄: 미생물에 의해 생산되는 다당류, 아이스크림, 치약, 식품첨가물로 사용돼요.

세균을 잡아먹는 바이러스

1917년 캐나다의 미생물 학자인 펠릭스 데렐은 파스퇴르 연구소에서 이질균을 배양하고 있었어요.
배양하고 있는 이질균에 이질 환자의 분비물(똥 여과물)을 넣었더니 배양액이 하룻밤 사이에 맑아진 것을 발견했어요.
보이지 않는 무언가가 이질균을 사라지게 한다는 것을 알아냈던 거예요.
그는 이 무언가에 '박테리오파지'라고 이름을 붙였어요.
파지란 그리스어로 '파괴하다', '먹는다'라는 뜻이에요.

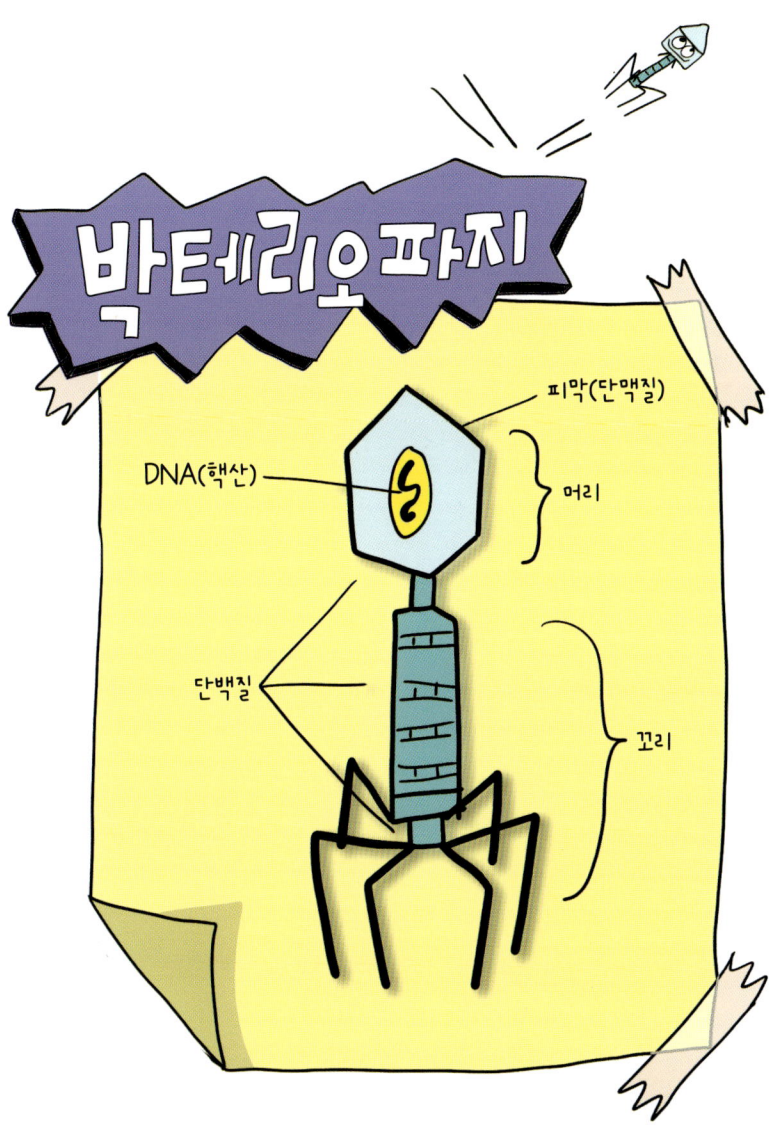

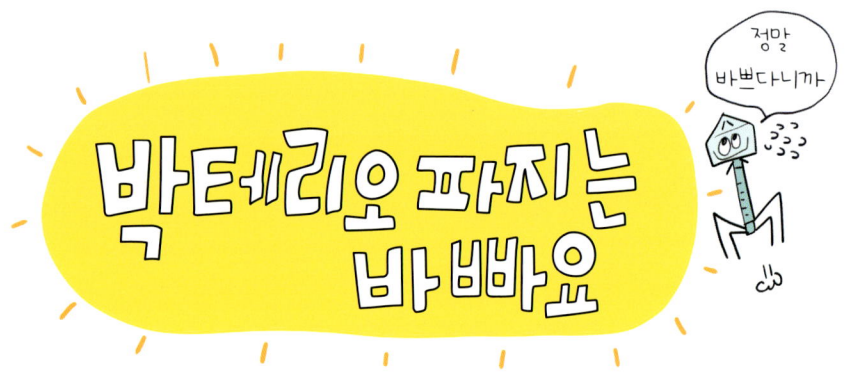

박테리오파지는 바빠요

박테리오파지는 세상에서 가장 많이 활동하는 바이러스예요.
어디에나 있으며 박테리아를 숙주로 삼기 때문에 박테리아가 많이 사는 곳이면 쉽게 발견할 수 있어요.

박테리오파지가 살아가는 방법

부착 — 숙주 박테리아 세포막에 달라붙어요.

주입 — 자신의 유전 물질을 숙주 세포에 주입 시켜요.

복제 — 자신이 유전 물질과 단백질을 합성해요.

조립 — 유전 물질과 단백질은 조립되어 새로운 박테리오파지를 만들어요.

방출 — 만들어진 효소가 세포벽을 이루는 펩티도글리칸을 분해하기 때문에 박테리아가 파괴되어 새로운 박테리오파지가 방출돼요.

박테리아는 하나의 세포로 되어 있는 미생물이에요.
가운데 핵이 들어있고 세포질이 핵을 둘러싸고 있어요.
세포질에는 리포솜과 같은 기관들이 있어요.
꼬리로 움직일 수도 있어요.

바이러스는 크기가 워낙 작아 일반 현미경으로는
절대 볼 수가 없어요. 박테리아의 100분의 1 정도 크기니까요.
바이러스는 세포는 없고 핵산과 간단한 단백질로만 구성되어
있어요. 혼자서는 살아갈 수 없는 구조이지요.
그래서 남의 몸을 빌려 살아가야만 해요.

박테리아 바이러스

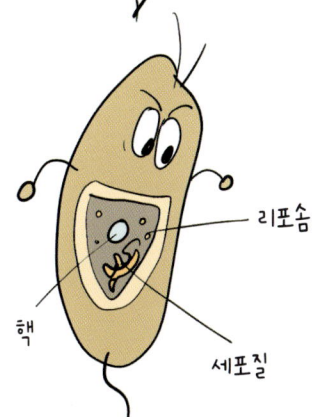

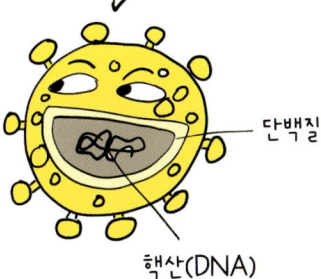

우린 엄연히 달라!

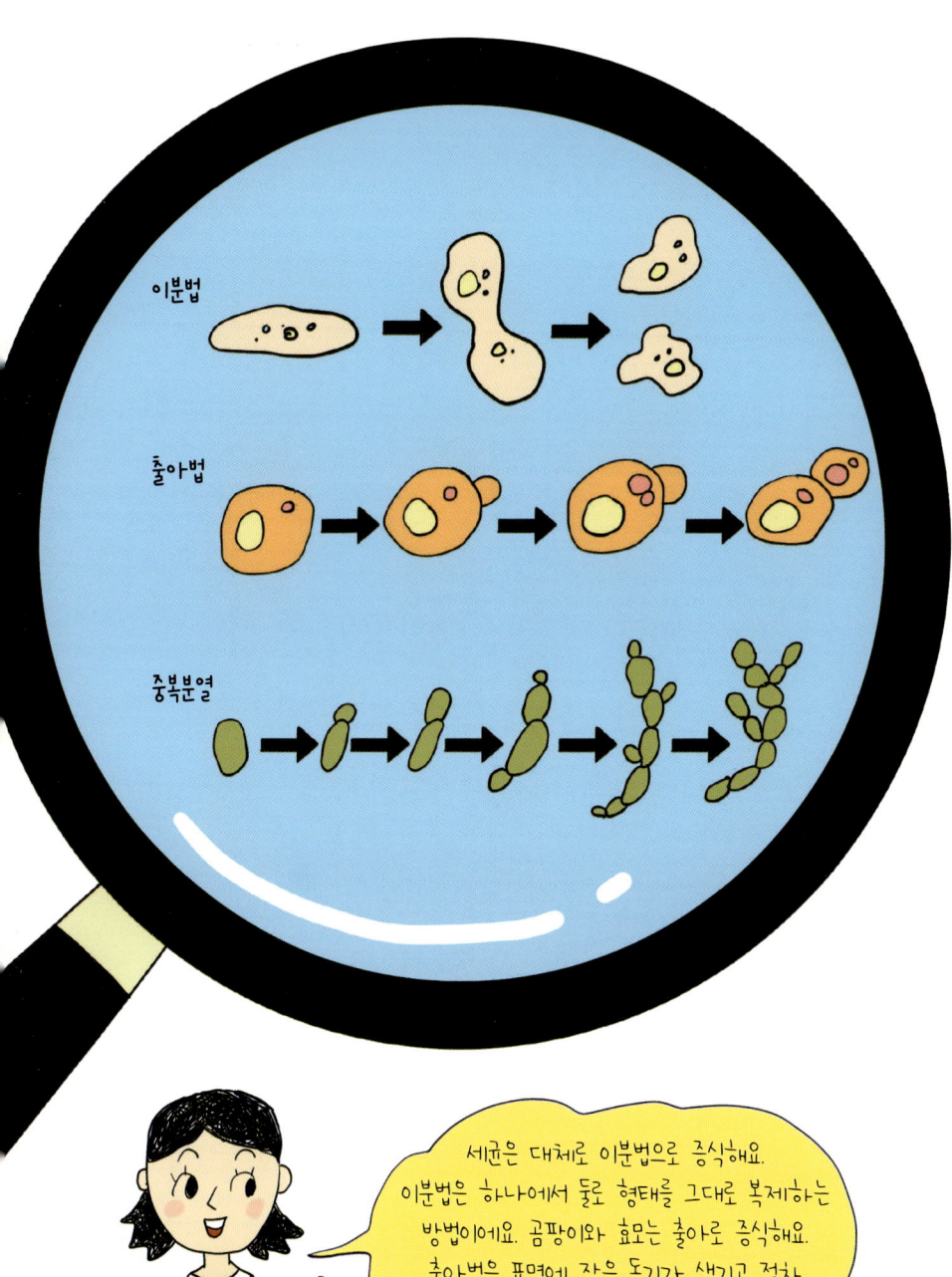

곰팡이는 축축하고 습기가 많은 곳에서 자라요.
포자가 바람을 타고 날아다니며 질병을 일으키기도
해요. 곰팡이는 실 모양의 균사로 되어 있는 세균의
일종으로 종류는 무려 3만여 종이나 돼요.
하지만 곰팡이는 혼자서는 살아갈 수 없어요.
다른 생물에 기생해 살아가야 해요.
곰팡이는 동물이나 식물의 사체를 분해해
자연으로 순환시키는 역할을 해요.
음식을 상하게 하거나 질병을 일으키기도
하지만 곰팡이가 없다면 생태계는 혼란에 빠질 거예요.

곰팡이는 탄수화물을 좋아해요

콩이나 과일 등 탄수화물이 많이 들어있는 음식이
곰팡이가 생길 확률이 높아요.
곰팡이가 핀 음식을 먹게 되면 호흡기 질환이나 장내
세균의 구성을 바꿔 소화 장애가 일어날 수 있어요.

곰팡이가 핀 음식을 먹어도 될까요?

토마토, 딸기, 잼처럼 수분 함량이 많은 음식은
곰팡이의 균사가 쉽게 퍼져 있어 먹으면 곤란해요.
수분 함량이 적은 딱딱하고 단단한 음식은
수분 함량이 많은 음식에 비해 곰팡이가 핀 부분만
제거하고 먹어도 괜찮은 편이에요.

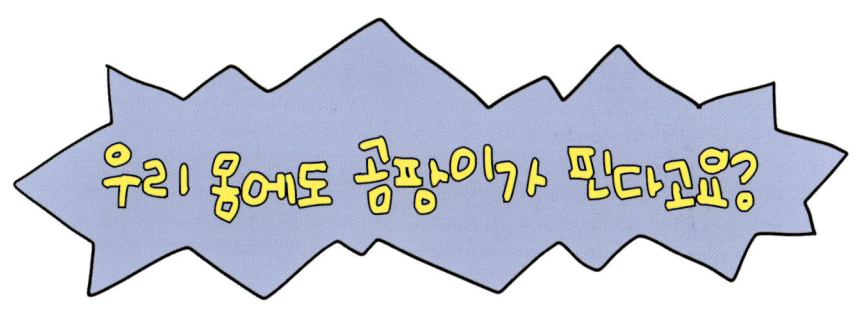

피부가 허옇게 되고 붉어지며 가려우면 곰팡이를
의심해야 할거에요.
발가락에 생기는 무좀이 곰팡이균 때문이라고 알고
있지만, 사실은 머리부터 발끝까지 곰팡이는 우리 몸
어디에나 필 수 있어요.
우리 몸에 있는 곰팡이는 피부의 각질을 영양분으로
살고 있어요. 발가락 사이나 사타구니, 두피는
곰팡이가 살기에는 최적의 장소랍니다.
피부뿐만 아니라 몸속에서도 곰팡이가 살아요.
몸속에서 축농증, 구내염, 천식, 폐렴 등을 일으켜요.

효모는 곰팡이의 일종이에요.
효모는 한마디로 끝내주는 요리사예요.
맛있는 빵과 음료를 효모가 만들어주기 때문이지요.
효모는 발효 과정에서 탄산가스(이산화탄소)를 만들어요.
이 탄산가스가 빵을 부풀게 하고 맥주의 거품을 만들어
맛있는 먹거리를 제공해 주어요.

맥주의 주원료인 보리에는 '아밀라아제'라는 효소가 들어있어 단맛을 만들어요.

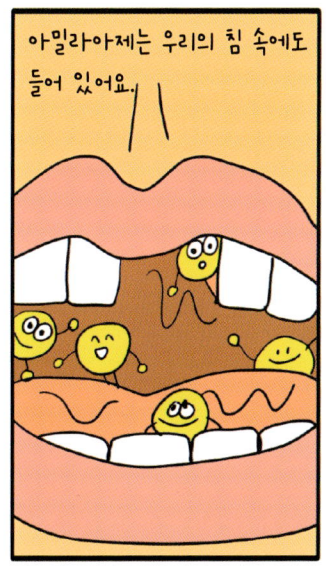

곰팡이를 먹어요!

치즈는 사람이 만든 가장 대표적인 발효 식품이에요. 딱딱한 치즈는 산소가 없는 곳에서 유산균에 의해 숙성이 되어요. 부드러운 치즈는 치즈 겉에서 자라는 세균과 곰팡이, 그리고 주변 미생물에 의해 숙성이 되지요. 지금까지 알려진 치즈의 종류는 2,000 가지나 된다고 해요. 하지만 중세 유럽에 퍼졌던 페스트 등 전염병이 유행하며 원유 부족을 겪었고, 그로 인해 치즈의 제조 기술을 쇠퇴시켰어요. 저온살균법과 냉장고가 등장하면서 다시 인기 있는 식품이 되었어요.

치즈의 맛과 풍미를 좌우하는 것은 세균과 곰팡이에요.

치즈는 푸른 곰팡이와 흰 곰팡이가 만들어요.

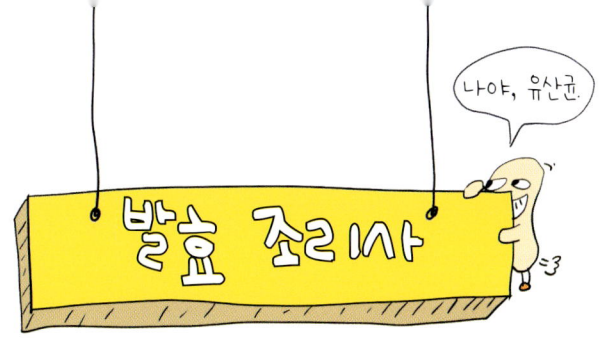

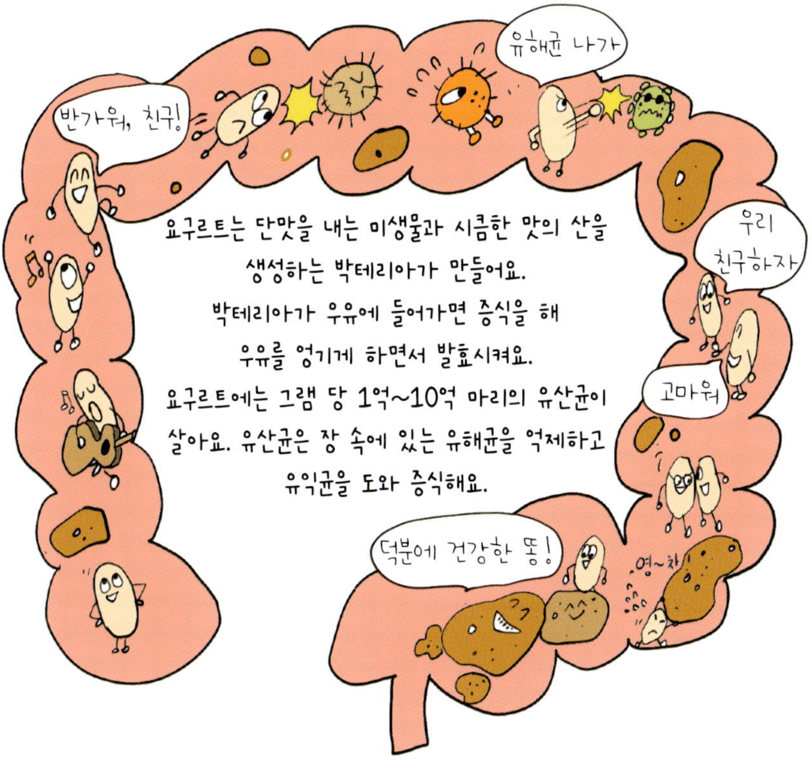

요구르트는 단맛을 내는 미생물과 시큼한 맛의 산을
생성하는 박테리아가 만들어요.
박테리아가 우유에 들어가면 증식을 해
우유를 엉기게 하면서 발효시켜요.
요구르트에는 그램 당 1억~10억 마리의 유산균이
살아요. 유산균은 장 속에 있는 유해균을 억제하고
유익균을 도와 증식해요.

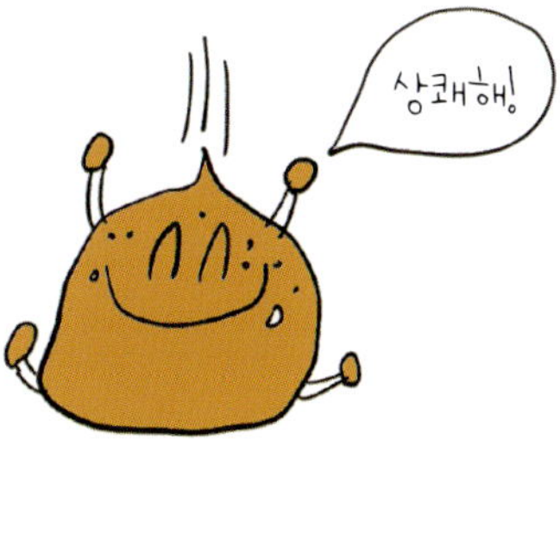

막걸리는 누룩으로 만들어요

술밥에 누룩을 섞어주면 **누룩 곰팡이**는 전분을 분해해서 당으로 만들어요. 이때 효모가 알코올 발효를 시작하면서 술이 익어 가는 거예요.
누룩에는 곰팡이 말고도 효모와 유산균, 고초균 등이 살고 있어요.
누룩은 막걸리 외에도 고추장, 된장, 간장을 만드는 발효 세균이랍니다.

누룩은 누룩 곰팡이를 번식시키는 과정을 거쳐야만 제 기능을
발휘할 수 있어요. 이 과정을 '누룩을 디디는 과정' 혹은
'누룩을 띄운다' 라고 해요.
누룩은 시간이 지나면서 젖산균이 자라고 다음에는
효모가 번식해요. 따뜻한 곳에 놓인 술의 온도가 올라가면
효모는 번식을 마치고 누룩 곰팡이가 자라요.
이러한 과정을 **발효 과정** 이라고 해요.

누룩 곰팡이는 곡물 당화 과정에서 필요해요.
효모(이스트)는 당화 과정에서 만들어진
포도당으로 알코올과 이산화탄소로 만들어요.

창의로운 곰팡이

곰팡이 포장재를 아시나요?
스티로폼은 포장재로 많이 사용하지만 썩지 않아
처치 곤란한 쓰레기를 만들어내요.
이 스티로폼을 대신해 환경 지킴이로 곰팡이가 나섰어요.
바로 버섯의 균사가 만든 섬유조직을 이용해 포장재를
만들어 내는 방법이었죠.
먼저 영지버섯의 균사체에 톱밥과 흙을 섞어 넣어요.
이 상태에 일주일 정도 숙성을 시키면 균사체가 마치
접착제처럼 굳어져 딱딱한 포장재로 변신을 해요.
버섯의 균사로 만들었기 때문에 포장재에서 버섯이
자라지 않을까요?
이미 말라 굳어 죽은 상태라 버섯은 자라지
않는답니다.

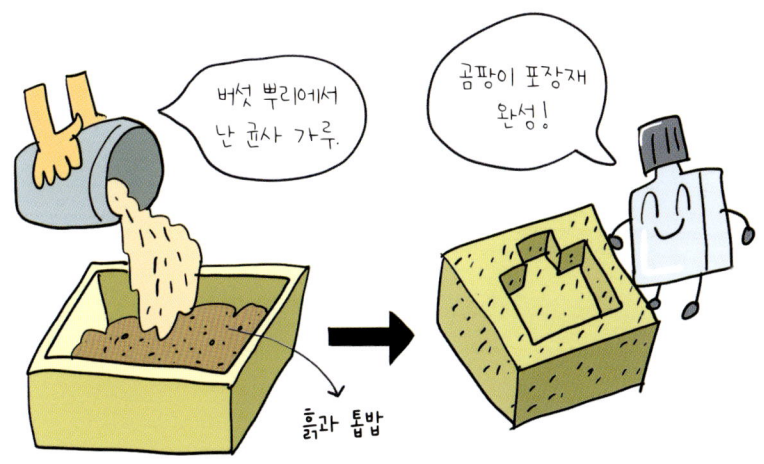

곰팡이 균사는 자기 질량의 3만 배나 되는 흙을 결합할 수 있어요.
이 원리로 곰팡이 포장재가 탄생 한 거예요.

세상에서 제일 작은 미생물
바이러스

인간 세포의 크기는 머리카락 굵기의 10분의 1 정도라고 해요. 박테리아는 이보다 10분의 1 정도가 더 작아요.
바이러스는 박테리아보다 훨씬 더 작아요. 쉽게 설명하자면 바늘 끝에 수백만 마리의 바이러스가 올라앉을 수 있을 정도로 크기가 작아요.

보여?

바이러스

바이러스가 얼마나 작은지 볼까요?

사람의 적혈구 10,000nm

1nm(나노미터)는 10억 분의 1미터

코로나바이러스 80nm

아데노바이러스 90nm

에이즈바이러스 100nm

대장균 3,000nm

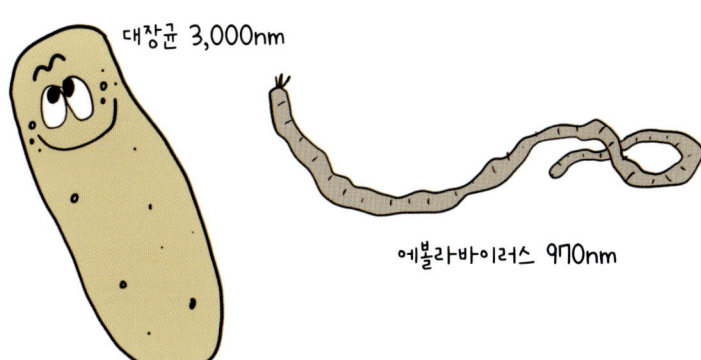

에볼라바이러스 970nm

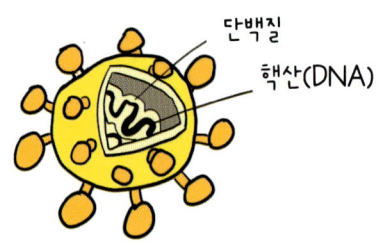

바이러스는 반드시 남의 몸을 빌어서만 살아갈 수 있어요.
즉, 숙주에 기생하며 살아가는 방식이죠.
바이러스는 좀비와 같아요. 죽은 것처럼 보이지만 몇만 년이
지나 다시 살아나기도 해요.
그 이유는 다른 생물이 가지고 있는 여러 가지
세포내 소기관이 없어 특별한 움직임이 없는
분자의 형태로 오래도록 지속할 수 있는 거예요.
이렇게 죽은 것처럼 지내다 운 좋게 바이러스가
번식하기에 딱 좋은 숙주를 만나게 되면 다시 살아나요.
바이러스는 모든 생물체가 가지고 있는 세포를 가지고
있지 않아요. 단지 유전자 몇 개와 단백질로 된
껍데기뿐이에요. 그래서 생물체라고 볼 수 없다고
말하는 과학자들도 있어요.
생물이라고 하려면 '세포막'이 있어야 하거든요.

바이러스 치료법

바이러스에 감염되지 않기 위해선 백신을 주사로 접종하는 방법이 있어요. 예방하는 것이죠.
아주 적은 양의 바이러스를 몸속에 주입하여 항체를 만든 후, 같은 바이러스가 침투하면 면역반응을 일으켜 바이러스를 죽여요.

슈퍼 박테리아의 등장

**슈퍼 박테리아란?
내성을 가지고 있는 박테리아를 말해요.**

과학자들은 1917년 박테리오파지가 발견된 이후, 박테리오파지가 세균 감염을 치료할 수 있다고 주장했어요. 하지만 세계대전이 일어나고 많은 사상자가 생기면서 새로운 항생제가 만들어졌지만, 그 빛을 발휘하지 못했어요.

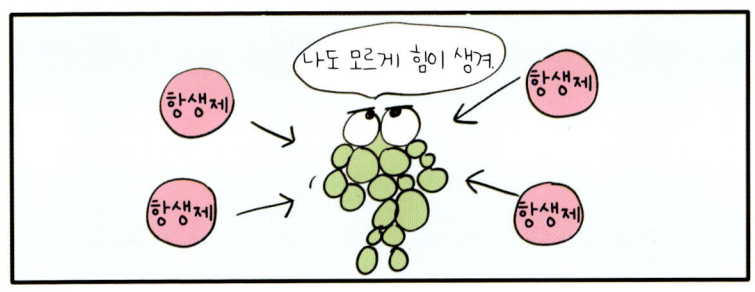

항생제의 무분별한 사용으로 세균들은 내성이 생겼어요.

처음 발견된 페니실린으로 꼼짝 못 하던 황색포도상구균도 1950년대에 들어서면서 내성이 생기기 시작했어요.

많은 항생제로 치료를 하고 생명을 구했지만, 세균들은 점차 내성이 강해져 슈퍼 박테리아로 변해가고 있어요.

세포가 뭐예요?

세포는 생물이 활동하는데 가장 기초적인
단위를 말해요.
바이러스를 제외하고는 어떤 생물이든 세포를
가지고 있어요.
생물에 따라 세포 수도 제각기 달라요.
세포가 단 한 개뿐인 생물도 있어요.

이를 **단세포 생물**, 또는 원생생물이라고 해요.

세포가 여러 개인 생물은 **다세포 생물**이라고 하지요.

동물세포와 다르게 **식물세포**에만 있는 것이 있어요.

엽록체 식물은 동물처럼 돌아다니며 먹이를 찾을 수 없어요. 입도 없고 소화 기관도 없어 스스로 양분을 만들 수밖에 없어요. 그래서 광합성을 통해 양분을 만들어 내는 엽록소가 필요해요.

세포벽 식물은 뼈가 없는 대신에 세포벽이 있어 넘어지지 않고 높이 자랄 수 있어요.

액포 동물세포는 세포 속에서 생기는 노폐물을 혈액으로 운반해 배설 기관을 통해 배출해요. 하지만 배설 기관이 없는 식물은 세포 안에서 생기는 노폐물을 그대로 몸 안에 쌓아두게 되지요. 이 노폐물을 보관하는 곳이 바로 액포랍니다.

하나의 핵을 가진 단세포 생물을 원생생물이라고 해요.
식물, 동물, 균류와 함께 진핵생물에 속해요.
원생생물은 짚신벌레, 유글레나, 아메바, 미역,
파래 등 주로 물속이나 축축한 흙에서 살아요.
이들은 핵막뿐만 아니라 세포 안 막으로 된
여러 기관이 발달되어 있어요.
세균보다는 훨씬 진화된 상태에요.

아메바
세포가 늘어나고 줄어들어 이를 이용해 헤엄치듯 움직여요.

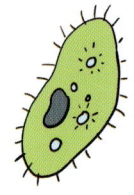

짚신벌레
몸 주변에 작은 털들이 나 있어 노처럼 움직여요.

유글레나
기다랗게 난 털 모양의 편모을 이용해 움직여요.
유글레나는 식물의 기능인 엽록체를 가지고 있어 광합성을
하기도 해요.

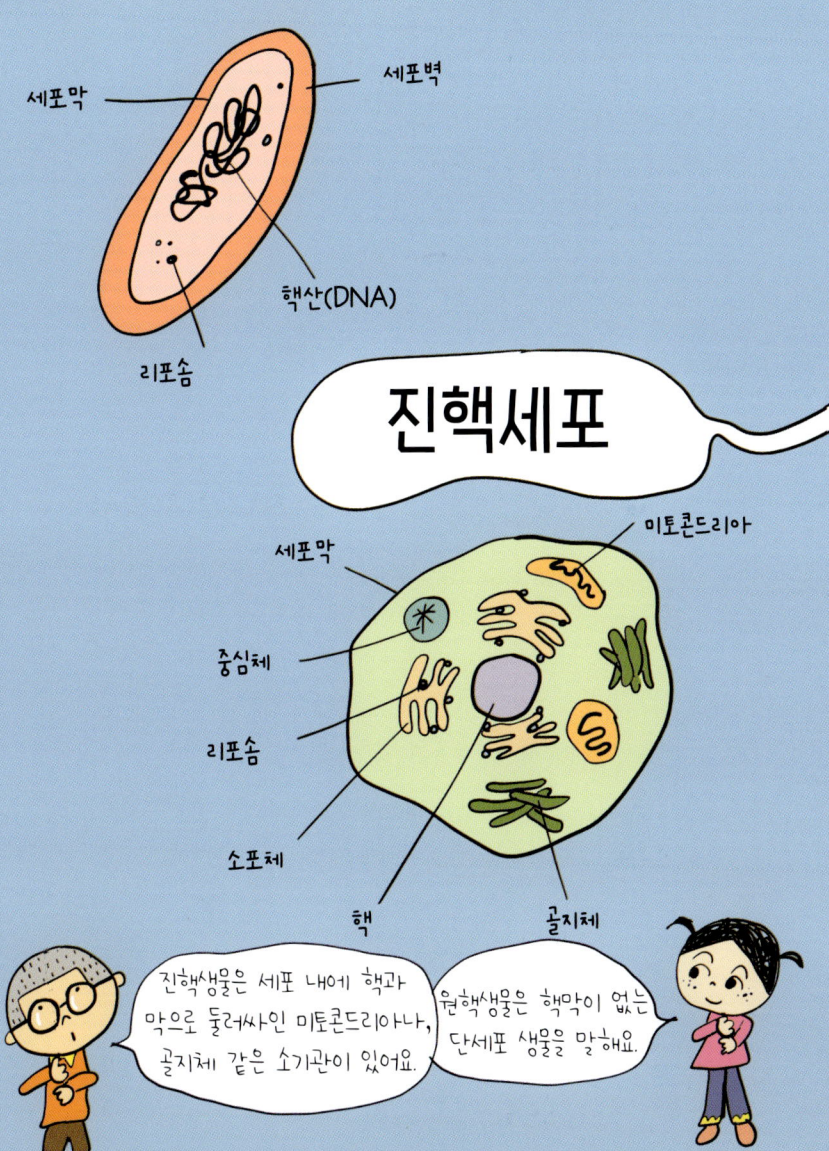

세균이 사라진 세상은
참으로 편하고 행복하겠지요?
더 이상 겨드랑이나 발에서 땀 냄새가
나지 않을 거예요. 땀 냄새가 나는 이유는
땀을 먹고 사는 세균이 분비하는 화학물질
때문이니까요. 충치나 위염을 일으키는
세균도 없어지면서 고통에서 벗어나겠지요.
무엇보다 모든 사람의 체중이 현재
몸무게에서 2~3킬로그램은 줄어들 거예요.
왜냐고요? 몸에서 세균의
몸무게만큼 무게가 빠져나갔기 때문이죠.

다음 장을
넘겨봐요

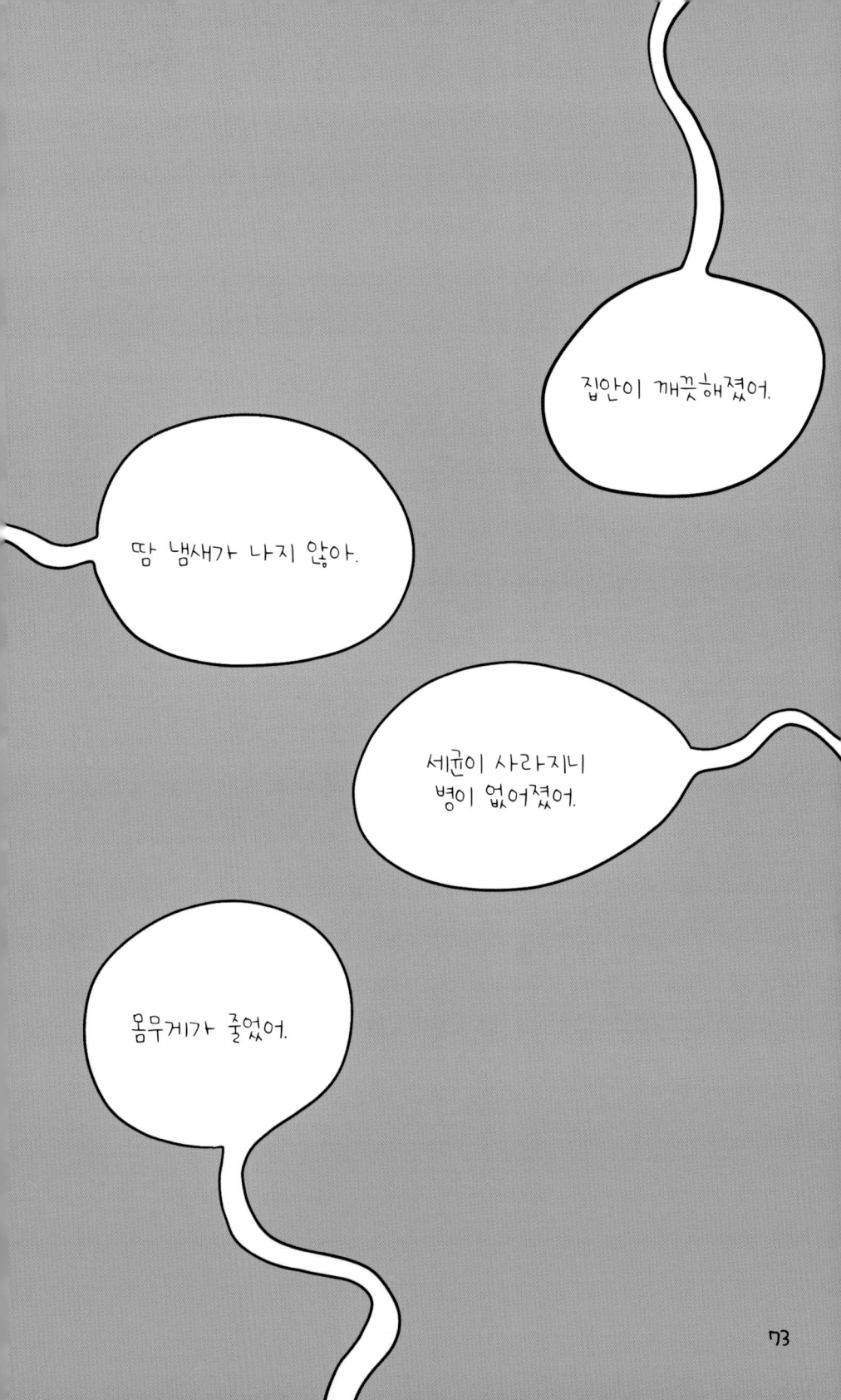

세균이 사라진
다음부터는 정말
무서운 일들이
일어나요.

세균이 사라진 후에는
사람들이 점점 병이 들고 죽어갈 수 있어요.
장속에서 소화를 돕던 분해균이 사라졌기 때문이에요.
특히 셀룰로스 분해균이 없어지면 되새김 동물들은
굶어 죽게 돼요.

식물들 역시 말라 죽어가기 시작해요.
식물은 에너지를 얻기 위해선 반드시 질소가 필요해요.
하지만 공기 중의 질소를 그대로 흡수해 사용할
수는 없죠. 물에 녹은 질산이온 형태로만
흡수할 수 있는데, 이를 질소 고정이라고 해요.
질소 공급원인 세균들이 사라졌기 때문에 세균이 사라지면
질소 고정을 할 수 없어지고, 식물들도 사라지게 돼요.

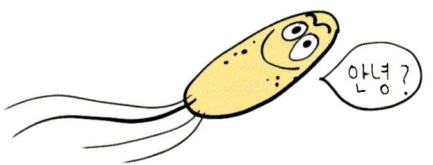

우리가 사는 지구에는 70억 명이 넘는 사람과
100만 종이나 되는 동물, 35만 종의 식물이 살고 있어요.
하지만 이 숫자와는 비교도 되지 않을 정도로 많은
세균들이 살고 있어요.

지금까지 세상에 알려진 세균의 종류는 1퍼센트도 안돼요.

우리가 모르는 세균의 종류는 그 수가 어마어마해요.
아무리 똑똑한 과학자들도 얼마나 많은 세균이 지구에 살고 있는지 확인할 길은 없으니까요.
생물들을 살아갈 수 있게 만들어주는 세균과 생물이 죽으면 부패를 도와 지구를 정화시키는 곰팡이가 없다면, 지구는 생존할 수 없을 거예요.

고마운 세균

세균이라면 무조건 위험하고 나쁜 것일까요?
우리에게 해를 끼치는 세균은 일부에 불과해요.
광합성을 하는 세균은 이산화탄소를 산소로 바꿔
지구 생태계를 살기 좋게 만들어줘요.
바다에서의 광합성은 남세균이 도맡아하고 있어요.
세균은 폐수를 정화하고 에너지 자원을 만들기도 하는데
바다가 광합성을 하지 못해 산소 농도가 떨어지게 되면
바다생물들은 죽게 되고, 바다는 죽음의 바다로 변하게 돼요.

이산화탄소가 가득한 지구의 기온은 점점 높아지고 세균들도
살아갈 수 없는 환경을 만들어 세균이 사라지게 되면 지구의
산소정화 능력도 살아져 지구 생태계는 점점 파괴돼요.
세균과 인류는 떼려야 뗄 수 없는 연결고리를 하고 있어요.

여러분
상상해 보아요
세균이 없는
세상에서
우리가 살아갈 수
있을까요?

누구 없어요?

2019년, 인류는 코로나19 바이러스를 통해
세균의 위험성을 전 세계적으로 경험했어요.
그렇다고 세균을 제거하는 방법에만 몰두하며
두려워할 것인가요?

세균은 어디에나 있고, 우리와 함께 살아가며
지구를 움직이는 고마운 존재라는 것도 깨달아야 해요.
유해균이 있다면 유익균도 존재한다는 것을 깨닫고
세균과 함께 살아가는 방법을 연구해보아요.